La ley del espejo

La ley del espejo

Yoshinori Noguchi

Traducción de Mercè Torra

comanegra

Primera edición: febrero 2010

KAGAMI NO HOSOKU – JINSEI NO DONNA MONDAI MO KAIKETSUSURU MAHO NO RULE
by Yoshinori Noguchi

Originally published in Japan by Sogo Horei Publishing Co., Ltd.
This Spanish edition published by arrangement with
Sogo Horei Publishing Co., Ltd., Tokyo in care of Tuttle-Mori Agency, Inc., Tokyo.

Trafalgar, 10. 2º 2ª C 08010 Barcelona
www.comanegra.com
Traducción: Mercè Torra
Diseño de cubierta: Susto
Maquetación: Esther Mateu
ISBN: 978-84-936006-8-6
Depósito legal: GI-1360-2009
Impreso en: Impremta Aubert - www.aubert.cat

Eiko Akiyama, un ama de casa que cumplirá 41 años, estaba preocupada.

Su hijo Yuta, de 5° de primaria, es maltratado en el colegio por sus compañeros.

Aunque diga que lo maltratan parece ser que no llegan a golpearle. Lo más habitual es que los compañeros le ignoren o que le acusen de cualquier problema que surja.

«No me maltratan», insiste Yuta, pero a Eiko le duele en el alma ver a su hijo tan solo y triste.

A Yuta le gusta el béisbol, pero sus compañeros no le invitan a jugar; así que, al regresar del colegio, se va solo al parque a jugar a pelota contra la pared.

Hace unos dos años, hubo un tiempo que Yuta jugaba a béisbol con los amigos. Durante esa época, Eiko le había visto jugar en el patio del colegio a la vuelta de la compra.

Pero Yuta cometió un error durante un partido y le culparon mucho. Los compañeros de equipo le acusaron a gritos sin piedad:

«¡Tus reflejos son demasiado lentos!»
«¡Por tu culpa hemos perdido 3 puntos!»
«¡Si perdemos es culpa tuya!»

Eiko pensó: «Es cierto que las habilidades deportivas de Yuta no son excelentes, pero tiene también sus virtudes. Con lo buen chico que es...».

Lo que más la hería era que no dieran ningún valor a las virtudes de su hijo. Y le fue muy duro ver cómo Yuta aguantaba los terribles comentarios de los compañeros de equipo mientras se disculpaba con una sonrisa.

A partir de ese incidente dejaron de invitarle para jugar a béisbol.

—Tú no puedes jugar con nosotros porque nos haces perder —le dijeron.

Parece ser que para Yuta lo más duro era que ya no le invitaran nunca a jugar a béisbol. Y además esto se hizo notar en un considerable aumento de malas caras y enfrentamientos con Eiko.

Pero Yuta no quería hablar con su madre de sus problemas ni de la soledad. Insistía en lo de «Yo no tengo ningún problema».

Para Eiko lo más duro era que Yuta no le abriera su corazón. Aunque ella intentara enseñarle el «buen modo de relacionarse con los amigos», él sólo le decía: «¡No me des la lata!», «¡Déjame en paz!».

Y cuando le sugirió cambiar de colegio le replicó: «¡Si me cambiáis nunca os lo perdonaré!».

Eiko se sentía inútil y miserable al pensar que no podía hacer nada para solucionar los problemas de su hijo.

名

Un día, después del colegio, Yuta fue al parque, como era habitual, pero regresó enseguida y de muy mal humor.

Aunque le preguntara qué había pasado, sólo contestaba: «Nada».

El misterio lo resolvió pronto una llamada de teléfono. Esa noche una amiga del barrio le llamó.

—Eiko, ¿Te ha dicho algo Yuta?

—¿Sobre qué? No.

—Esta tarde fui a los columpios con mi hijo. Yuta llegó, y como siempre empezó a jugar a pelota contra la pared. Entonces llegaron 7 u 8 niños de su clase y gritaron: «¡Lárgate que vamos a jugar a béisbol y molestas!»; y uno de ellos le ha golpeado con el balón. Yuta se ha marchado enseguida. Lo siento mucho porque yo no he podido hacer nada.

Eiko se quedó atónita.

«¿Por qué no me ha dicho nada...?»

Le entristecía mucho que no le dijera nada a pesar de sufrir una experiencia tan desagradable. Esa noche no tuvo ánimos ni de intentar hacer hablar de nuevo a su hijo.

名

A la mañana siguiente Eiko decidió que llamaría a alguien. Llamaría a Yaguchi, un conocido de su marido.

Eiko no había hablado nunca con Yaguchi, pero tenía la tarjeta de visita que le había dado su esposo.

Yaguchi había practicado kendo en el mismo gimnasio que su marido durante los años de instituto. Se encontraron por la calle por casualidad después de veinte años sin verse.

Hacía mucho que no se veían, así que se emocionaron mucho y decidieron entrar en una cafetería, donde estuvieron charlando varias horas. Yaguchi trabaja como asesor de empresas.

Según su marido, Yaguchi sabe mucho de psicología y es muy bueno solucionando problemas de empresas y personales. Parece que su marido le comentó por encima los problemas de Yuta y dijo: «Quizá pueda ayudarte», y le pasó su tarjeta.

Ese día su marido le dio la tarjeta mientras decía:

—Si quieres, llámale, yo ya le he hablado un poco del tema.

—¿Por qué tengo que hablar con alguien que no conozco? ¿No es mejor que seas tú quien le pida consejo?

—Yo es de ti de quien estoy preocupado. Te pasas el día preocupada por Yuta; así que se lo comenté a Yaguchi.

—¿Qué me quieres decir, que yo tengo un problema? ¡Es natural que esté preocupada! ¡Soy su madre! Tú te pasas el día en el camión y por esto estás tan tranquilo. Quien está realmente educando a Yuta soy yo. Tú no quieres ni compartir conmigo la preocupación. No tengo la intención de hablarlo con este hombre. Estoy segura de que no tiene ni idea de cómo educar a un niño.

Acto seguido Eiko tiró la tarjeta sobre la mesa.

Una semana después Eiko estaba completamente hundida y dispuesta a agarrarse a un clavo ardiendo. La noche anterior había recibido la llamada de la amiga contando lo que había ocurrido en el parque.

«Ya estoy harta de sufrir. Necesito ayuda, sea de quien sea», pensó y enseguida se acordó de Yaguchi. Por suerte encontró su tarjeta.

Aproximadamente una hora después de salir Yuta hacia el colegio, se armó de valor y le llamó.

En ese momento Eiko no podía ni imaginarse todo lo que estaba a punto de suceder ese día.

㊔

La recepcionista respondió y enseguida le pasó al señor Yaguchi.

Aunque Eiko sólo había dejado dicho su nombre, la voz de Yaguchi por teléfono sonó muy agradable, y eso le hizo dudar: «¿Ya está bien que le cuente mis problemas?».

Se quedó sin saber qué decir, pero entonces Yaguchi empezó a hablar.

—¿No es usted la mujer de Akiyama?

—Sí, así es.

—Mucho gusto en conocerla.

—Mmm... mi marido ya se lo comentó, ¿no?

—Sí, me lo contó un poco. Me dijo que usted está preocupada por su hijo...

—¿Le parece bien si se lo comento?

—Tengo aproximadamente una hora libre, así que, si lo desea, me lo puede contar ahora.

Eiko le explicó brevemente que a su hijo le maltrataban, le ignoraban... Y también lo que había ocurrido el día anterior.

Después de escucharla Yaguchi le dijo:

—Esto es bastante difícil. Para una madre no hay nada peor, ¿cierto?

Al oír esto a Eiko se le llenaron los ojos de lágrimas.

Yaguchi se dio cuenta de que Eiko estaba llorando, así que esperó a que se calmara para decir:

—Eiko, si realmente desea solucionarlo entonces sí que es posible encontrar una salida que lleve a la solución.

Eiko no podía creerse lo de «encontrar una salida». Ella lo había estado intentando durante años. Aun así, deseaba firmemente que las palabras de Yaguchi fueran ciertas.

—Estoy dispuesta a hacer lo que sea para solucionarlo. Estoy decidida. ¿Qué tengo que hacer?

—Bueno, esto es lo que buscaremos. Primero, lo que está claro es que usted siente rencor hacia alguien que le es próximo.

名

—¿Cómo? ¿Qué quiere decir?

—Quizá esté yendo demasiado deprisa. Sería mejor que le explicara la teoría, pero en ese caso necesito tiempo y ahora no lo tengo. Así que empezaré a explicárselo desde la conclusión. Lo que voy a decirle ahora tiene fundamentos teóricos; después ya le pasaré algunos libros que puede consultar. Pues bien, la conclusión es que el hecho de que usted esté preocupada porque su amado hijo está siendo culpado por otros se debe a que usted no le agradece a alguien lo que debería agradecerle, y que además continúa culpándole.

—¿Qué relación tienen los maltratos de mi hijo en el colegio con mi situación personal? A mí todo esto me suena un poco a religión.

—No es raro que piense así. Al fin y al cabo, lo que nos enseñan en el colegio siempre se centra en la ciencia física, en lo que puede verse con los ojos. Yo le estoy hablando de una ley descubierta en psicología hace ya bastantes años. Quizá le sea más fácil entenderlo si piensa que es lo mismo que se dice en muchas religiones. Aunque yo no creo en ninguna religión.

—Cuénteme esta ley de la psicología.

—Los acontecimientos que ocurren en la realidad son el «resultado». Cada «resultado» siempre tiene una «causa». Y esta causa se halla en su interior. Es decir, debe saber que la realidad de su vida es el espejo que refleja su interior. Por ejemplo, cuando se mira en el espejo se da cuenta de «¡Ah! Me he despeinado» o de «Hoy tengo mal color». ¿Verdad que sin espejo uno no puede verse a sí mismo? Considere que la vida es como un espejo. Gracias al espejo que es la vida podemos darnos cuenta de la propia persona y tenemos la oportunidad de cambiar. La vida está hecha para permitir desarrollarnos hasta donde sea.

—¿Qué reflejan mis preocupaciones sobre mí?

—El resultado de lo que le está ocurriendo a usted es: «Mi querido hijo tiene problemas debido a que alguien le culpa». Una posible causa es que «usted está culpando a alguien a quien debería querer». ¿No es cierto que usted culpa a alguien, a alguien cercano, a quien debería estar agradecida por algo? Por ejemplo, ¿qué tal la persona más cercana, su marido?

—Yo le estoy agradecida a mi marido. Gracias a su trabajo como camionero podemos comer.

—Esto es muy importante. Así pues, ¿usted valora mucho a su marido? ¿Le respeta?

名

A Eiko le sorprendió oír la palabra «respeto». Desde hacía algún tiempo a veces lo menospreciaba.

A Eiko su marido, de carácter optimista, le parecía «poco sensible». Además, lo encontraba «inculto».

Ella se había licenciado en una carrera universitaria mientras que su marido sólo había acabado el instituto. No sólo eso, sino que además hablaba tosco y únicamente leía revistas. Eiko, cuyo hobby era la lectura, pensaba que no quería que Yuta fuera como su padre.

Y esto también se lo dijo al señor Yaguchi.

—¿Usted cree que «el valor de una persona depende de su educación, sus conocimientos y su sensibilidad»?

—No, no lo creo. Creo que cada uno tiene sus puntos fuertes y sus habilidades.

—¿Entonces por qué debe ser que cuando se trata de su marido, lo menosprecia a partir de su «falta de educación»?

—Mmm... Me estoy contradiciendo, ¿verdad?

—¿Qué tal es la relación con su marido?

—Las cosas que hace y dice me sacan de quicio. Incluso a veces nos peleamos.

—Y respecto al problema con Yuta, ¿cómo le va con su marido?

—Me lamento con mi marido de los maltratos que recibe Yuta en el colegio, pero como, diga lo que me diga, no me parecerá bien, de hecho todavía no lo hemos discutido seriamente. Me temo que mi marido es del tipo de persona que más me cuesta aceptar.

—Entiendo. Creo que hay otra causa que es la fundamental. Antes de conseguir que acepte a su marido será necesario solucionarla.

—¿Una causa fundamental?

—Sí. Ante todo es necesario que encontremos la causa básica que impide que pueda aceptar a su marido. Permita que le pregunte, ¿usted le está agradecida a su padre?

—¿A mi padre? Pues claro que le estoy agradecida...

—Pero, en el fondo, ¿no siente «No se lo puedo perdonar»?

A Eiko, eso de «no se lo puedo perdonar» la impactó. Pensó: «De hecho, quizá todavía no haya perdonado a mi padre».

Por ser su padre le estaba agradecida, pero no conseguía que le cayera bien.

Desde que se casó, pasaba cada año las vacaciones de Fin de Año y de verano con la familia en casa de sus padres. Sin embargo, la única conversación que solía tener con su padre eran las cuatro palabras de saludo al llegar y al marcharse.

Pensándolo bien, desde que entró en el instituto sólo trataba a su padre como si fuera un desconocido.

—Creo que no he perdonado a mi padre. Y no estoy segura de poder hacerlo.

—Ya veo. No parece que pueda llegar a perdonarle. Aun así, ¿quiere por lo menos intentarlo?

—¿Es realmente cierto que la causa de mis preocupaciones está relacionada con mi padre y con mi marido?

—Esto creo que lo verá cuando lo intente.

—De acuerdo. Dígame lo que tengo que hacer.

—Muy bien. Haga primero lo que le voy a decir. Escriba en un papel todo aquello sobre su padre que le hace sentir que no le puede perdonar. Escriba todo lo que desee, aunque sea un texto lleno de enfado. Puede escribir incluso: «No lo soporto», «Imbécil», «Idiota», etc. Si recuerda algún incidente en concreto escríbalo también y añada además: «En ese momento yo me sentía de tal modo». Escriba todo lo que la hería y que no soportaba. Escriba sin piedad. Exprese sus sentimientos. Escriba hasta que se sienta satisfecha. Cuando le parezca que ya es suficiente, llámeme. Le doy también el número de mi móvil.

Eiko dudaba de que aquello sirviera para solucionar los problemas de Yuta. Pero pensó que era mejor intentarlo que dudar y no hacer nada. Pensó: «Si sirve para solucionar el problema haré lo que sea».

Además, aunque no comprendía en que se basaba lo que decía Yaguchi, percibía un extraño poder convincente.

Eiko colgó el teléfono, cogió una hoja de papel y empezó a escribir todo lo que se le ocurría sobre su padre.

名

Cuando era pequeña, mi padre siempre lo criticaba todo. La hora de cenar a menudo se convertía en la hora de los sermones. Además, era un padre que enseguida se enfadaba por todo y que gritaba cuando no hacíamos lo que él esperaba.

A menudo pensaba que mi padre no tenía ningún interés por lo que yo sentía.

No soportaba cuando se quejaba del trabajo después de beber.

Mi padre era director de obra de una constructora, regresaba a casa con la ropa sucia de tierra y barro, y a menudo se sentaba a comer sin cambiarse de ropa, y esto tampoco me gustaba nada.

Eiko continuó escribiendo.

Cuando se dio cuenta ya había escrito muchas palabras bastante fuertes hacia su padre: «¡Inhumano!», «¡Como padre eres un incompetente!», etc.

También se acordó de cierto incidente en el instituto:

Cuando iba al instituto, un domingo salí con un chico de la clase, una cita. Mientras caminábamos por la calle mi padre nos vio por casualidad. De vuelta a casa me hizo un interrogatorio y un sermón.

Había mentido a mis padres diciendo que salía con una amiga y mi padre no me lo perdonaba.

Todavía recuerdo las palabras de mi padre:

—¿Así es como tratas a tus padres? ¿De forma mezquina y mintiendo? ¡No harás nada bueno en la vida!

Mientras lo recordaba le saltaron las lágrimas por el disgusto. También plasmó ese enfado en el papel.

Tienes ese carácter que hace que te apetezca mentir. ¿Es que no ves que es por tu culpa? Además, eso de «¡No harás nada bueno en la vida!» ¿No te parecen unas palabras horribles? ¡No tienes ni idea de lo mucho que me heriste! ¡Eres tú quien no es un buen padre! A partir de ese día dejé de hablar seriamente contigo. ¡Quien mal anda, mal acaba!

Mientras escribía no dejó de llorar.

En cuanto se dio cuenta ya eran más de las doce del mediodía. Se había pasado más de dos horas escribiendo.

Una decena de hojas llenas de ira. Bien por haber estado escribiendo sin piedad, o por haber estado desahogándose llorando, lo cierto es que se sentía bastante aliviada.

Pasada la una Eiko llamó a Yaguchi.

—¿Ya ha escrito lo que sentía?

—Sí, ya he escrito todos mis sentimientos. He llorado mucho y ahora me siento un poco mejor.

—¿Está preparada para perdonar a su padre?

—Si tengo que decirle la verdad, quizá no esté todavía a punto. Pero pienso intentar hacer todo lo que pueda. Si pudiese perdonarle, me gustaría hacerlo, y así quizá me sentiría más aliviada.

—Pues venga, intentémoslo. Perdonar a su padre es sólo para usted misma, para nadie más. Prepare una hoja de papel y escriba el siguiente título: *Qué le puedo agradecer a mi padre*. Si se tratara de dar gracias a su padre, ¿qué le agradecería?

—Bueno, pues sobre todo el hecho de trabajar y criarme. Gracias al dinero por su trabajo, la familia podía comer y yo pude crecer.

—Escriba esto en el papel. ¿Algo más?

—Mmm... De niña me llevaba a menudo al parque y jugábamos juntos.

—Escríbalo también. ¿Algo más?

—Más o menos ya está.

—Bien, entonces prepare otra hoja. Escriba el título: De qué quiero disculparme con mi padre. ¿Hay algo de lo que le gustaría disculparse?

—Ahora no se me ocurre nada en especial, pero si tengo que decirle algo: quizá en el fondo continúo sintiendo antipatía por él. Pero no siento de corazón que quiera disculparme por esto.

—Aunque no lo sienta realmente no importa. Para empezar, simularemos que lo siente. De momento escriba lo que me acaba de decir.

—Ya lo he escrito. Cuando dice que lo simularemos, ¿qué quiere decir?

—Lo que tiene que hacer a partir de ahora requiere mucho valor. De hecho, probablemente se trate de la situación que implica tener más valor de toda su vida. Lo que voy a sugerirle ahora seguramente será lo que le haga sentir más resistencia. Usted decide si quiere hacerlo o no.

Llame a su padre y dígale las palabras de agradecimiento y de disculpa. Si no le sale de dentro, puede transmitirle sólo las frases que ha preparado. También puede leerle lo que ha escrito en las hojas tituladas *Qué le puedo agradecer a mi padre* y *De qué quiero disculparme a mi padre*. Después de decirlo, si lo desea, puede colgar enseguida el teléfono. ¿Quiere intentarlo?

—Ciertamente esto no puedo hacerlo a no ser que reúna más valor del que he utilizado en toda mi vida hasta hoy. Pero si hacer esto sirve para resolver mi problema creo que vale la pena intentarlo. Aunque sea difícil.

—Decida usted misma si lo hace o no. Yo creo que vale la pena. Bueno, ahora estoy ocupado, así que, si me disculpa, me despediré de usted. Si lo hace, dígamelo y avanzaremos hacia el paso siguiente.

名

A Eiko lo que le ayudó fue eso de «simularemos que lo siente». No conseguía sentir realmente que quisiera «disculparse». Como que «el malo es mi padre», era absurdo que fuera ella quien se disculpara.

Pero si se trataba de simplemente leer un texto quizá sí que pudiera. Así que, sin lugar a dudas, lo mejor sería intentarlo.

A Eiko le entraron poco a poco ganas de llamar. Se le hacía muy extraño sentir que deseaba llamar.

Si no fuera por las circunstancias del momento, seguramente Eiko no habría hablado jamás por teléfono con su padre.

De recién casada, un día que telefoneó a casa se puso su padre, y enseguida dijo: «Soy yo. ¿Me pasas con mamá?».

Desde entonces, sólo con decir «Soy yo», su padre llamaba enseguida a su madre: «¡Eiko está al teléfono!». Su padre ya se había dado cuenta de que Eiko no tenía nada que decirle a él.

Pero ese día sí iba a hablar por teléfono con su padre.

名

«Cuanto más dude, más difícil se me hará llamar», pensó Eiko. Así que decidió llamar enseguida.

Su madre respondió al teléfono.

—Soy yo.

—¡Eiko! ¿Qué tal estás?

—Bien. Normal... ¿Está papá?

—¿Cómo? ¿Papá? ¿Quieres hablar con papá?

—Mmm... Sí. Un poco.

—Esto sí que es raro. ¿Por qué quieres hablar con él?

—¿Qué? Bueno. Es algo un poco raro y difícil de explicar. ¿Me lo pasas?

—Claro. Un momento.

Durante los escasos segundos que tardó su padre en llegar, el nerviosismo de Eiko superó todos los niveles.

Hasta entonces, su padre siempre le había desagradado. Se había negado a abrirle el corazón.

Y ahora era necesario darle las gracias y disculparse. Si lo pensaba fríamente, eso era imposible de hacer.

Pero debido a que Eiko sufría por Yuta, y este sufrimiento era muy serio, era capaz de hacer algo que en circunstancias normales no hubiera podido.

Si existía algún modo de liberarse de esa preocupación, haría lo que fuera, aunque se tratara de agarrarse a un clavo ardiente.

Este pensamiento fue lo que dirigió a Eiko hacia lo que estaba a punto de hacer.

Su padre se puso al teléfono.

—¿Sí? ¿Qué quieres?

Eiko empezó a hablar con un ataque de pánico, casi sin saber ni lo que estaba diciendo.

—Mmm... Pues... Nunca te lo había dicho hasta ahora, pero he pensado que era mejor decírtelo, y por eso he llamado... Pues, papá, creo que tu trabajo en la obra debía ser bastante duro. Gracias a tu trabajo y a tu esfuerzo me criasteis. Y, de pequeña, ¿verdad que me habías llevado al parque? Quiero decir que hasta ahora nunca te había dicho que «es de agradecer», ni te he mostrado mi gratitud. Y por esto he pensado que por una vez te lo quisiera decir adecuadamente... Además, no me caías bien, y de esto también querría disculparme.

No fue capaz de decir «gracias» adecuadamente, ni tampoco «lo siento».

Pero de algún modo pudo transmitir lo que tenía que decir.

«Colgaré después de escuchar lo que tiene que decirme mi padre». Esto es lo que había planeado.

Pero su padre no decía nada.

Justo después de pensar: «Si no dices nada, ¿no ves que no puedo colgar?», lo que oyó fue la voz de su madre.

—Eiko, ¿pero qué le has dicho a papá?

—¿Qué?

—¡Pero qué cosa tan horrible le debes haber dicho! ¿No te das cuenta de que está llorando?

Se empezaron a oír los sollozos de su padre al otro lado del teléfono.

A causa de la sorpresa, Eiko se quedó atónita.

Hasta ese día no había oído nunca llorar a su padre.

¡Con lo fuerte que era! ¡Y ahora le oía sollozar!

Ella le había transmitido su agradecimiento únicamente simulando que lo sentía, y ahora resultaba que su padre, quien siempre había mostrado fortaleza, estaba sollozando.

Al escuchar el llanto de su padre, a Eiko también le saltaron las lágrimas.

Su padre deseaba quererla mucho más. Ahora veía que él también deseaba tener muchas charlas con su hija.

Pero durante todo este tiempo ella le había negado su amor.

Su padre estaba triste.

Él que era fuerte para poder resistir todo lo que fuera necesario en la obra, estaba ahora llorando a lágrima viva.

Así de duro había sido para él no poder transmitir su amor a su propia hija.

Las lágrimas de Eiko también se convirtieron en un sollozo.

Un rato después se volvió a escuchar la voz de la madre.

—¿Eiko? ¿Te has calmado un poco? ¿Me lo cuentas?

—Mamá, por favor, ¿puedes pasarme otra vez a papá?

Su padre cogió el auricular. La voz le temblaba por el llanto.

—Eiko, perdóname. Yo no he sido un buen padre para ti. Te hice pasar muchos malos ratos.

Se volvieron a escuchar sollozos.

— Papá, perdóname. Soy yo quien ha sido una mala hija. Además, gracias por criarme.

La voz de Eiko también desapareció entre los sollozos.

Un rato después se volvió a escuchar la voz de la madre:

—¿Pero qué ha pasado? Bueno, cuando te calmes me lo explicas. De momento cuelgo.

Después de colgar el teléfono Eiko se quedó todavía un rato pasmada.

Había estado odiando a su padre durante más de veinte años. Nunca había podido perdonarle. Pensaba que ella era la única víctima.

Sólo veía a su padre desde un punto de vista y nunca había intentado verlo desde otra perspectiva. No había visto el amor de su padre, las debilidades de su padre, la torpeza de su padre. Qué experiencia más amarga debía de haber sufrido hasta entonces. Qué experiencia más amarga le había hecho sufrir ella a su padre.

Entonces por la cabeza le pasaron varios pensamientos.

Y también le brotó el sentimiento de agradecimiento hacia su padre.

Entonces finalmente comprendía el significado de las palabras de Yaguchi al decir: «De momento simularemos que lo siente. El sentimiento ya le saldrá más adelante».

Cuando acababa de pensar que Yuta llegaría al cabo de una hora, sonó el teléfono.

名

Era Yaguchi.

—Hola. Soy Yaguchi. Ahora tengo libres unos 40 ó 50 minutos, y por eso le he llamado. Antes tenía trabajo y me ha dado la impresión de que he cortado a media conversación.

—La verdad es que he llamado a mi padre. Y me alegro mucho de haberlo hecho. Muchas gracias. Tengo que agradecérselo a usted.

Eiko le contó brevemente la conversación.

—¿Sí? Me alegro que tuviera valor y lo haya hecho.

—Yo creía que los maltratos de Yuta en el colegio eran el mayor problema, pero no haber perdonado a mi padre durante tantos años me da la sensación de que era un problema todavía mayor. Ahora pienso que gracias al problema de mi hijo he podido hacer las paces con mi padre, e incluso siento que me alegro del problema de Yuta.

—Veo que ahora puede aceptar la preocupación por Yuta de forma constructiva y hasta este punto. Existe lo que se llama la «ley de lo inevitable». Y si se estudia, se puede ver lo siguiente: de hecho, todos los problemas que surgen en la vida ocurren para hacernos dar cuenta de algo importante. Es decir, que no ocurren por casualidad; pasa inevitablemente lo que debe pasar. Es decir, nunca nos pasa nada que no podamos solucionar. Todos los problemas que nos aparecen existen porque nosotros los podemos resolver, y si nos ponemos en ellos positivamente y con amor, después y sin ninguna duda nos reportarán algún beneficio que nos hará decir: «Me alegro de haber tenido ese problema, gracias al cual...».

—Así parece. Pero lo que aún me preocupa es que el problema de Yuta sigue sin solucionarse.

—Así pues, ¿usted todavía cree que el problema de Yuta continúa sin resolverse en absoluto? Quizá ya haya dado un gran paso adelante hacia la solución. Porque en el mundo de los sentimientos todo está entrelazado. Si se resuelve la causa, el resultado también tiene que cambiar.

—¿Realmente es verdad que el problema de Yuta se solucionará?

—Yo creo que esto depende de usted. Venga, ahora es el momento de poner un poco de orden. Para usted lo más duro es que Yuta no le abre el corazón. Usted dice que, como madre, lamenta mucho y le es muy duro no poder hacer nada. Además, no desea tener que sentir más este dolor.

—Sí, así es. No me cuenta que le maltratan. Yo le quiero ayudar pero me rechaza diciendo: «Déjame en paz». Me siento impotente. A pesar de comprender la pena de su hijo, no hay nada más duro para una madre que no poder hacer nada.

—Realmente es difícil. Por cierto, ya debe saber quién ha estado sufriendo este mismo dolor.

—¿Qué? ¿Quién...?

En ese momento Eiko pensó en su padre. Sí. Esa pena insoportable debía ser la misma pena que su padre había tenido que aguantar durante tantos años.

La pena por una hija que no le abría el corazón. La pena por una hija que le rechazaba. La pena de no poder hacer nada como padre...

Era la misma pena que tenía ella. ¿Su padre había tenido que soportar eso durante más de veinte años?

Una lágrima rodó por su mejilla.

—Ya lo entiendo. Yo he estado sufriendo lo mismo que sufría mi padre. Él lo pasaba igual de mal. También comprendo por qué ha llorado.

—Los problemas que nos surgen en la vida, aparecen para hacernos ver algo que es importante para nosotros.

—Ahora me doy cuenta de nuevo de lo que ha sufrido mi padre. Creo que me he dado cuenta de ello gracias a Yuta. Gracias a que Yuta no me abre el corazón...

—Su hijo, su padre y usted misma están unidos en el fondo del corazón. La postura que usted toma hacia su padre es la misma que la que Yuta ha tomado hacia usted. Gracias a esto usted ha podido darse cuenta.

—Ahora siento que quiero agradecérselo a Yuta. Quiero decirle: «Gracias por hacerme comprender algo tan importante». En el fondo, hasta ahora lo culpaba. «¿Por qué no quieres hablar con tu madre?»

—¿Puede ahora entender lo que siente su hijo?

—¡Sí! De niña no soportaba a mi padre porque era un pesado. No soportaba que quisiera opinar sobre todo. Visto desde ahora, supongo que eso también procedía de su amor, pero en esa época era insoportable. Creo que ahora Yuta piensa lo mismo. Mi amor opresivo le carga demasiado.

—Cuando usted era pequeña, ¿qué tipo de padre deseaba?

—Quería que confiara en mí. Deseaba que me tuviera confianza. Que pensara: «Es Eiko, todo irá bien». Creo que yo tampoco confío en Yuta. Pienso: «Si yo no le ayudo, no sabrá apañárselas». Y por esto intento sonsacarle y le hago sermones... Me gustaría confiar más en él.

㊔

—Ahora usted es capaz de entender lo que ha sufrido su padre y lo que está sufriendo Yuta. Centrémonos ahora en su marido. ¿Se acuerda de que esta mañana cuando me ha llamado, le dije que la causa por la que su hijo Yuta es culpado es que usted está culpando a alguien cercano?

—Sí, me acuerdo. Y yo le he dicho que me era imposible respetar a mi marido.

—Pues bien, ¿podría volver a explicarme qué siente hacia su marido?

—No puedo evitar pensar que «es un inculto», que «tiene poca sensibilidad», etc. A pesar de que yo estoy tan preocupada por Yuta, él, sin ningún fundamento, es optimista.

Yo me lamento, pero hablar seriamente del tema todavía no lo hemos hecho. De todas maneras tampoco podría aceptar lo que me dijera.

Mientras hablaba Eiko se dio cuenta de que la postura que había tomado hacia su marido se parecía a la que había tomado hacia su padre.

—Se parece a la postura que había tomado hacia mi padre, ¿no?

—Sí, así es. A menudo, en el caso de las mujeres, la postura que toman hacia su padre se refleja en la postura que toman hacia su marido. Por cierto, por lo que me ha dicho, deduzco que su marido confía en Yuta, ¿cierto?

—Sí, así es. ¡Ah, yo debería aprender de mi marido! Parece que Yuta cuenta bastante lo que piensa a su padre. Confía en él y por eso Yuta le abre el corazón, ¿no? Yo no me he dado cuenta de las virtudes de mi marido.

—Entiendo. Así es como usted se sentía. Bueno, ahora le mandaré deberes. Usted decide si quiere hacerlos o no. Antes ha preparado dos hojas tituladas *Qué le puedo agradecer a mi padre y De qué quiero disculparme con mi padre.* Añada a esas hojas todo lo que puede agradecerle y todo aquello de lo que quiere disculparse. Escriba todo lo que pueda. Puede utilizar tantas hojas como le hagan falta. Cuando termine prepare otra hoja. Escriba el título: *Cómo me hubiera gustado tratarme con mi padre*. Esto no lo escribirá para arrepentirse de la relación pasada con su padre, sino que servirá para hallar pistas de cómo relacionarse con su marido. Algo más, por la noche, cuando Yuta esté dormido, mírele al rostro y musite «gracias» cien veces. ¿Qué le parece? ¿Lo quiere hacer?

—Sí, sin ninguna duda.

名

Poco después de colgar el teléfono Yuta llegó a casa.

Tiró la cartera a la entrada y como siempre cogió el guante y la pelota de béisbol y salió hacia el parque.

Eiko se preocupó muchísimo. «¿Hoy vuelve allí a pesar de que ayer los compañeros lo echaron?»

Sin embargo, para distraerse de la preocupación Eiko se dedicó a hacer los deberes.

Recordaba muchas cosas que podía agradecer a su padre.

Qué le puedo agradecer a mi padre

- Mantener a la familia trabajando en el duro empleo de director de obra.
- De niña, cuando en ocasiones había tenido mucha fiebre me había acompañado en coche a urgencias (para mi padre, cuyo trabajo requería mucho esfuerzo físico, seguro que salir a medianoche le resultaba agotador).
- De pequeña me llevaba a menudo al río y al mar. Me enseñó a nadar.
- De pequeña me gustaba el melón, y cada año por mi cumpleaños compraba un melón antes de llegar a casa.
- Durante una temporada, una niña del vecindario me maltrataba y mi padre fue a quejarse a su casa.
- Estudié en una universidad privada, y me pagó las tasas de matrícula sin quejarse (para la economía familiar de esa época seguro que fue una gran carga).

- Cuando encontré mi primer trabajo encargó una bandeja de sushi para celebrarlo (era una bandeja de sushi muy lujosa). Ese día dije: «El sushi no me gusta», y no comí. Mi padre se quedó muy abatido.
- Abrieron una cuenta en el banco para cada uno de los hermanos. «Para una eventual emergencia» y cada mes, aunque fuera poco, nos ingresaban algo de dinero (el día antes de casarme mi padre me los quería dar pero yo le dije: «No quiero pasearlos por la calle, así que ingrésamelos en mi cuenta», y no los cogí).

Qué le puedo agradecer a mi padre y *De qué quiero disculparme con mi padre* le venían a la cabeza mezclados.

Mientras escribía *Qué le puedo agradecer a mi padre* y *De qué quiero disculparme con mi padre* le saltaron las lágrimas.

«Me quería mucho. A pesar de que yo lo rechazara, él continuaba queriéndome. Como yo no podía dejar de lado el sentimiento de que no tenía perdón, no me di cuenta de su amor. Además, a pesar de ser tan querida, yo no le he dado nada a mi padre. Casi no he hecho nada por él como hija.»

También se dio cuenta que de hecho no daba valor al trabajo de su padre.

Pensaba que un director de obra era de «poca categoría» y «nada intelectual». Aunque fue gracias al trabajo continuado de su padre que pudo graduarse en la universidad. Por primera vez se dio cuenta. Comenzaba a sentir agradecimiento y respeto por su padre.

Pensaba que el trabajo de su marido tenía una imagen «poco intelectual». La imagen asociada al sentimiento de rechazo por la «incultura» de su marido era exactamente igual a la imagen que tenía de su padre. Seguro que había muchísimas cosas que debería agradecerle a su marido.

Mientras pensaba en todo esto preparó la hoja titulada: *Cómo me hubiera gustado tratarme con mi padre*. Escribió lo siguiente.

Cómo me hubiera gustado tratarme con mi padre

- Darme cuenta del amor implícito en sus actos. Igual que yo soy imperfecta, comprendo que mi padre también es imperfecto y torpe.
- Agradecer «lo que hace por mí».
- No solamente ser querida, sino también querer (hacer algo que le haga feliz).

- Transmitir mi desacuerdo en lo que me disgusta y construir una relación agradable para los dos.

Pensó que era exactamente así como debía tratar a su marido.

«Un marido que trabaja para mí. El marido que es mi compañero en la vida. He olvidado agradecerle todo lo que hace por mí.»

Quizá ésta fuera la primera vez que pensaba francamente en su marido.

«Esto quizá esté relacionado con lo que he sido capaz de agradecerle a mi padre. Hoy le daré las gracias.»

名

Eiko se dio cuenta de que, mientras pensaba en todo esto, había oscurecido. De hecho, aquel día no había hecho apenas ninguna de las tareas de la casa.

Desde que había llamado a Yaguchi a las nueve de la mañana sólo había estado enfrentándose consigo misma.

«¿Qué prepararé para cenar?» Precisamente después de pensar esto, llegó Yuta.

—¡Mamá! ¿Me estás escuchando?

—¿Qué ocurre? ¿Ha pasado algo positivo?

—¿Te acuerdas de Taiki? Ayer Taiki me dio un golpe con el balón.

—¿Ah, sí? Taiki es el niño que más te molesta, ¿no?

— Pues ahora mismo, cuando ya regresaba a casa, Taiki ha venido al parque. Y se ha disculpado diciendo: «Perdona que siempre te moleste, eh».

—¿Ah sí! —Y mientras decía esto notaba como si estuviera ocurriendo un milagro. Le pareció que sin duda estaba relacionado con el hecho de haber hecho las paces sinceramente con su padre.

Eiko decidió que, en lugar de dedicarse a hacer la cena, prefería charlar con Yuta, así que la encargó. Mientras se esperaban le dijo:

—Lamento mucho haber estado metiéndome demasiado en tus cosas. A partir de ahora intentaré no meterme tanto en ellas. Y cuando necesites que te ayude no dudes en decírmelo. ¿De acuerdo? Porque confío en ti.

El rostro de Yuta mostraba una gran alegría, y dijo:

—De acuerdo. Gracias.

Como es natural, Yuta deseaba que confiara en él.

—¡Hoy es un gran día! Las cosas buenas vienen una tras otra —continuó Yuta. Eiko también estaba eufórica.

Poco después llegó la cena.

—Yo quiero esperar a papá para cenar, así que tú empieza a comer.

—¿Por qué? Si tú siempre comes antes.

—Hoy tengo ganas de cenar con papá. Papá trabaja mucho por nosotros y llega cansado a casa. Me sabe mal que tenga que comerse el arroz con pollo solo. ¿No te parece?

—¡Pues yo también quiero cenar con papá! Será más divertido si comemos los tres juntos.

—¡Realmente eres un tesoro! Te pareces a papá.

—Realmente, estás rara. Pero si tú siempre te quejas de que papá es «poco delicado».

—¿Sí, eh? Mamá se equivocaba. Papá es amable, es un hombre fuerte... ¡Es un hombre entre los hombres!

—Sí, pero, si no estudias, sólo consigues un trabajo como el suyo.

—Lo siento, pero en esto mamá también se equivocaba. El trabajo de papá es un gran trabajo. Es útil a la gente. Además, es gracias a su trabajo que podemos comer. Tenemos que agradecérselo.

—¿De verdad piensas así, mamá?

—Sí, estoy segura.

El rostro de Yuta se volvió todavía más sonriente y feliz.

Los niños, en esencia, deben crecer sintiendo respeto por sus padres y utilizándolos como modelo.

Las palabras de Eiko daban ahora permiso a Yuta. «Puedo admirar a papá.» A Yuta esto es lo que le había puesto más contento.

Un rato después llegó su marido, y los tres juntos se comieron el arroz con pollo ya frío.

Quizá porque estaba contento de que le hubieran esperado, ese día su marido estaba especialmente de buen humor. Se comía el arroz frío diciendo: «¡Está delicioso!».

名

Yuta se durmió mientras su padre se bañaba.

Eiko empezó a darle las gracias interiormente mientras le miraba el rostro dormido.

Quizá fuera por la influencia de la palabra «gracias», pero del fondo de su corazón empezó a manar el sentimiento de gratitud.

«Yo que pensaba que estaba sufriendo por culpa de este niño, y, sin embargo, es gracias a él que me he dado cuenta de algo importante. Lo cierto es que quizá este niño me ha hecho de guía.»

Mientras pensaba esto, Yuta le parecía un ángel.

En un abrir y cerrar de ojos le saltaron las lágrimas. Sin duda, había sido un día de mucho llanto.

Un rato después sonó el teléfono. Era un fax.

Lo había enviado su madre, y decía:

Eiko:
Tu padre me lo ha contado.
Lloraba mientras me lo contaba.

A mí también me han entrado ganas de llorar de alegría.
Tu padre ha dicho: «De mis 70 años, éste ha sido el día más feliz».
A diferencia de lo habitual de cada noche, hoy durante la cena no ha querido beber nada. Ha dicho: «Si bebo me emborracharé y es una lástima no poder gozar de estos momentos de alegría».
¿Cuándo vendréis a visitarnos?
Nos hará mucha ilusión veros.

Mamá

«Papá, acostumbrado a beber cada noche, ¡hoy no ha bebido nada de nada!... Parece que mis palabras le han hecho realmente feliz. ¿Que hasta hoy mi padre no hubiera podido dejar de beber incluso cuando estaba enfermo debía ser como consecuencia de la tristeza?»

A Eiko le volvieron a saltar las lágrimas.

—¿Qué pasa? ¿Estás llorando? —le preguntó su marido, que acababa de salir del baño.

Eiko le contó todo lo que había sucedido durante el día.

Que había llamado a Yaguchi. Que había estado escribiendo en un papel las dificultades y los problemas con su padre. Que por la tarde había llamado a su padre y que habían hecho las paces...

—Así pues, ¿tu padre también ha llorado? —Su marido la escuchaba medio llorando.

También le contó que el amigo que maltrataba a Yuta se había disculpado.

—Ciertamente a veces pasan cosas curiosas, ¿verdad? No entiendo mucho los métodos de

Yaguchi, pero me alegro porque parece que a ti te ha funcionado bien.

Después Eiko se disculpó llorando a su marido.

—Gracias. Te agradezco tanto todo lo que haces. Hoy he sentido de nuevo una gran admiración por ti. Y lamento mucho que hasta hoy no me haya dado suficiente cuenta de lo maravilloso que eres.

El marido de Eiko lloraba mientras la escuchaba.

名

Al día siguiente Eiko llamó a Yaguchi para contarle lo que había ocurrido y agradecérselo.

Parece ser que a primera hora de la mañana su marido también había llamado.

—Su marido también me ha llamado. Me alegro mucho de haber podido serles útil. Estoy impresionado por su valor y lo que ha hecho. Bien, a partir de ahora es muy importante que dedique un rato cada día para dar, en su corazón, cien veces gracias a su padre, a su marido y a su hijo Yuta. Me gustaría recomendarle que lea unos cuantos libros. Elegiré algunos de ellos y le enviaré los títulos por fax hoy mismo.

Ese día por la noche...

—¡Hola! —Era la alegre voz de Yuta llegando a casa.

—Hoy los niños de la clase me han invitado a jugar a béisbol. Me voy.

Yuta cogió el guante y se marchó corriendo.

A Eiko se le humedecieron los ojos. Se le trabó la voz y no pudo ni decirle adiós.

FAX

Estimada Eiko Akiyama:

El espejo que es la vida nos hace ver lo que es importante. ¿No le parece? Me ha impresionado mucho su valor y osadía.
Quisiera sólo pedirle un favor.
Pienso que esta experiencia puede servir de ayuda a otras personas. Desearía que lo cuente, si se da el caso.
Con mis mejores deseos de amor, gratitud, y alegría para su vida.
A continuación le recomiendo algunos libros que puede utilizar como referencia.

Ikikata (Vida), de Kazuo Inamori.
As a Man Thinketh, de James Allen.
Creating the Value of Life, de Fumihiko Iida.
Forgiveness, de Gerald G. Jampolsky.
How to Conduct an Orchestra, de Yoshiyuki Takagi.
Cuaderno de cociente emocional para aumentar día a día la fuerza para alcanzar el éxito y la felicidad, de Yoshinori Noguchi.

Cómo traer felicidad a nuestra vida. Epílogo

La vida es un espejo que refleja nuestro interior.

Gracias por leer este relato hasta el final. A pesar de tratarse de nombres y profesiones ficticias, está basado en personas y en hechos reales.

Cuando, ya hace cierto tiempo, hice pública esta historia en mi blog (*«Coaching de cociente emocional para aumentar día a día la fuerza para alcanzar el éxito y la felicidad»*) tuvo una repercusión sorprendente y recibí gran cantidad de correos electrónicos de los lectores.

«Hacía mucho que no lloraba tanto.»
«Reuní fuerza para perdonar a quien no había podido perdonar durante años.»
«Me ha invadido un fuerte sentimiento de agradecimiento.»

Recibí tantos mensajes repletos de agradecimiento y de sentimiento que yo también acabé sintiendo una gran emoción.

También hice copias de este relato y las repartí entre los asistentes de los cursos que imparto en empresas (cursos para mejorar el cociente emocional). El primer día del curso mandé como deberes leer el texto. Al día siguiente les pregunté su opinión.

El 90 % de los participantes había llorado o terminó con los ojos llorosos. Me di cuenta de que esta historia tiene algo que nos llega al corazón.

Hace falta decir que cada vez que lo releo yo también acabo con los ojos llorosos. Y cada vez que quiero juzgar los actos de alguien recuerdo esta historia y siento como si me purificara.

Ahora me alegro muchísimo de que esta historia haya sido publicada en formato de libro. Deseo que mucha más gente pueda conocer estos hechos.

¿Y usted? ¿Qué ha sentido al leer este relato?

Eiko estaba muy preocupada por su hijo, y sin saber como resolver el problema. Entonces

Yaguchi le enseñó una ley muy sencilla que le daría la solución. Una ley que dice «**la realidad de nuestra vida es el espejo que refleja nuestro corazón**». **Es «la ley del espejo».**

Si nos llenamos el interior únicamente de insatisfacción, cada vez ocurrirán más acontecimientos que quieren expresar este descontento.

Y, al contrario, si tenemos el corazón siempre lleno de agradecimiento, ocurrirán más acontecimientos que nos harán sentir más agradecimiento.

«La vida es un espejo que refleja nuestro corazón.» Es decir que «**ocurren acontecimientos que sintonizan exactamente con nuestro interior**». O también se puede decir que «la causa que se halla en nuestro interior se hace realidad como efecto».

Esta ley tiene muchos puntos en común con la religión y la filosofía oriental tradicionales. Es una ley muy simple, pero que, si se conoce, nos enseña a controlar nuestra propia vida.

Mediante el *coaching* he asesorado a numerosos clientes para alcanzar sus objetivos y la realización personal, y durante estos años de experiencia he podido comprobar que esta ley funciona en todos los individuos sin ninguna excepción.

Utilizando esta ley, muchas personas han conseguido cambiar una situación actual adversa, y hacer realidad la situación deseada.

Al igual que cuando nos miramos en un espejo podemos conocer nuestra propia imagen, si **miramos lo que nos pasa en la vida podremos conocer qué tenemos dentro del corazón.**

Yaguchi, que conocía esta ley, cuando supo lo que le ocurría a Eiko, es decir que «su querido hijo era criticado por los compañeros», se dio cuenta de que «Eiko criticaba interiormente a alguien».

Por cierto, ¿qué hace usted cuando no le gusta su imagen reflejada en el espejo?

Por ejemplo, si se mira en el espejo y ve que está despeinado/a, ¿qué hace?

Por mucho que extienda la mano para arreglar los cabellos de su imagen en el espejo, ¿verdad que no lo conseguirá? Probablemente lo que hará será extender la mano hacia su cabeza y los arreglará.

De forma parecida, **para resolver de raíz los problemas de la vida hace falta eliminar la** causa que se halla en el propio corazón. Si no cambiamos nuestro interior, y únicamente esperamos que cambien los otros y las situaciones, no conseguiremos lo que deseamos.

En el caso de Eiko, cuando consiguió reconciliarse y sentir agradecimiento en su interior hacia su padre y su marido, el problema actual (la preocupación por su hijo) desapareció.

Cuando digo que «hace falta cambiar nuestro interior» no quiero decir que «no haga falta actuar en la realidad».

Por ejemplo, si alguien está siendo maltratado por otro, lo primero que se tiene que hacer es actuar para protegerse en la vida real. Pero, al mismo tiempo que se intenta hacer lo mejor posible en la vida real, es también importante ir cambiando lo que se tiene dentro del corazón.

Con el perdón se consigue la calma

Vamos a reflexionar un poco sobre el «perdón». Cuando pienso «No se lo puedo perdonar» significa que todavía vivo atado al pasado, que el corazón está repleto de rencor hacia alguna persona. En este caso, Eiko estaba atada a las palabras dichas por su padre en el pasado, y esto hacía que en su interior sintiera rencor hacia él. A pesar de que últimamente ya no pensara en su padre, en el fondo de su corazón seguía sintiendo reproche hacia él.

Si siento resentimiento hacia alguien y me digo que «¡no se lo puedo perdonar!», no conseguiré nunca la paz interior. Estamos trastornados porque una fuerza extra está actuando sobre nosotros. Y si esta situación se prolonga se acabará convirtiendo en sufrimiento.

Ciertamente esto es una situación difícil. Yo también la he experimentado.

En este momento, nosotros tenemos dos opciones: «perdonar» o «no perdonar».

Si en el pasado resultamos heridos de la relación con alguien, podemos escoger «no perdonar».

En este caso significa que nos permitimos quedar anclados en el acontecimiento pasado. Y debido a esa situación pasada eliminamos la posibilidad de tener una vida llena de paz.

Por otro lado, tenemos también la opción de «perdonar». **Si perdonamos, entonces tanto nuestro cuerpo como nuestro interior se calman y podemos relajarnos.**

Nos liberamos del hechizo del pasado, y conseguimos paz y libertad de espíritu.

«Perdonar» no significa que damos el visto bueno a lo que nos han hecho, ni que lo pasamos por alto. Tampoco significa que tengamos paciencia a pesar de pensar que «él/ella tiene la culpa».

«Perdonar» significa que nos liberamos del pasado que nos ata, que dejamos de hacer reproches, y que escogemos la calma de los momentos presentes.

¿Y usted? ¿Siente en este momento resentimiento hacia alguien?

¿Estaría dispuesto a perdonar a esa persona con tal de conseguir una vida feliz para usted?

Debe tener en cuenta que perdonar a alguien es sólo para usted mismo/a. No es para nadie más.

Perdonémonos a nosotros mismos.

Probablemente haya quien piensa: «Me es imposible perdonar a tal persona».

En este caso, no se culpe, ni piense: «Soy un desastre porque no puedo perdonarle» o «Así no podré ser feliz», etc.

Tiene que comprender que le han herido, y antes será necesario que lo acepte. Quizá todavía no esté preparado/a. Es necesario que se acepte a sí mismo/a.

Primero uno se perdona a sí mismo. Esto es lo que en psicología se conoce como *autoaceptación*.

Primero aceptamos que nos han herido, y después nos autoperdonamos por no poder perdonar a tal persona. De este modo, conseguimos autoaceptarnos, y conseguimos el alivio que nos posibilitará perdonar.

Hace falta buscar también entre las propias creencias. Las creencias son las ideas que tenemos arraigadas en nuestro interior. En el libro *Cuaderno de cociente emocional para aumentar día a día la fuerza para alcanzar el éxito y la felicidad* (Nippon Jitsugyo Publishing) se comentan métodos para buscarlas y eliminarlas.

Por ejemplo, tener las ideas citadas a continuación frena el poder perdonar:

- Si perdonara, yo saldría perdiendo.
- El 100 % de la culpa de que yo lo haya pasado mal es suya. Yo no tengo ninguna responsabilidad.
- Es más sencillo ser la víctima que aceptar la propia responsabilidad.

- Tiene que pagar por lo que ha hecho.
- El dolor no desaparecerá a menos que tome venganza.
- Para protegerme a mí mismo/a no debo perdonarle.

La lista podría ser más larga, pero de momento piense si «estas ideas le dejarán o no ser feliz».

Ocho pasos para conseguir perdonar

Ahora le indicaré **ocho pasos para conseguir perdonar.** Aquellas personas que hasta ahora no han conseguido perdonar a alguien, si lo ponen en práctica tendrán la **posibilidad de dar un giro claramente favorable a su vida.**

1. Haga una lista con aquellas personas a las que «no puede perdonar»

Escriba en una hoja de papel el nombre de aquellas personas sobre las que piensa: «Me sentiría mejor si pudiera perdonarle», «Me gustaría tanto poder hacer las paces con él/ella».

La relación con los padres es especialmente importante. Pregúntese si no le reprocha nada a su padre o su madre, y si realmente les está agradecido/a. Y si fuera el caso, escriba también sus nombres en la lista.

Si está casado/a, pregúnteselo también respecto a su pareja. Si está divorciado/o pregúntese si se ha reconciliado con su ex pareja.

Este paso sigue siendo válido incluso aunque aquella persona ya haya fallecido. Escriba también en la lista el nombre de todos aquellos a los que «no pueda perdonar», vivos o muertos.

Una vez elaborada la lista, escoja la persona con la que pondrá en práctica los «ocho pasos para conseguir perdonar».

2. Exprese sus sentimientos

Prepare varias hojas de papel y escriba **sus sentimientos hacia aquella persona.** Escriba los sentimientos que tenía en esos momentos, más que las situaciones concretas.

Si le aparecen sentimientos de ira, puede expresarlos con las palabrotas que se le ocurran: «imbécil», «desgraciado». No importa.

Si recuerda la tristeza y el dolor que sintió entonces, también puede escribirlo.

Escriba sus sentimientos tal como salgan. No va a leerlo nadie, así que no hace falta que haga cumplidos ni que se controle. Si le entran ganas de llorar, llore. Llore tanto como quiera, porque después se sentirá mejor.

Cuando crea que ya ha escrito todo lo que siente, pare y rompa el papel. Tírelo a la papelera.

3. Busque los motivos de aquellos actos

1. Escriba qué hizo aquella persona a la que «no puede perdonar».
2. Imagine y escriba **los motivos que llevaron a aquella persona a actuar de tal manera.** Los motivos que hacen actuar a las personas se pueden dividir a grandes rasgos, en dos tipos. «Querer sentir placer» y «Evitar sentir dolor». Piense en qué placer deseaba sentir aquella persona que le hizo actuar de esa manera. O bien, en qué dolor pretendía evitar. Imagine las causas y escríbalas.

3. Cuando acabe de escribir, no juzgue como «erróneos» los motivos, sino que **intente comprender la inmadurez, la torpeza, y la debilidad de aquella persona.** Los seres humanos cometemos errores frecuentemente. Por ejemplo, hacemos algo pensando que nos hará sentir alegría, pero nos termina haciendo sufrir. A veces, actuamos para evitarnos algún sufrimiento, pero lo único que conseguimos es más dolor. Esto demuestra nuestra inmadurez, nuestra debilidad y lo torpes que somos. Debemos comprender que los actos de los otros son a causa de su inmadurez, su poca habilidad y su debilidad.
4. No debe pensar en si los actos de los otros eran correctos o equivocados, es necesario que se centre en los motivos que los llevaron a actuar. Y diga lo siguiente: **«Al igual que yo lo puedo desear, él/**

ella también deseaba sentir placer» o «Al igual que yo lo puedo desear, él/ella también deseaba evitar sentir dolor».

4. Escriba aquello que puede agradecerle

Escriba todo lo que puede agradecer a aquella persona. Aunque parezca insignificante. Intente escribir tanto como pueda.

Aunque necesite mucho tiempo, intente recordar lo máximo posible.

5. Utilice la fuerza de las palabras

1. En primer lugar haga la siguiente declaración: «Para mi propia felicidad, calma y libertad perdono a...».
2. A continuación repita «**perdono a...**». Si

es posible, repítalo en voz alta. Aunque sea en voz tan baja que no pueda oírlo nadie. No hace falta que lo sienta en el corazón. Aunque los sentimientos le digan «No le puedo perdonar», puede decirlo simulándolo.

Repítalo durante más de 10 minutos. En 10 minutos lo puede repetir entre cuatrocientas y quinientas veces. Y si es posible hágalo durante media hora. Este es un paso crucial.

En el caso de Eiko, Yaguchi se saltó este paso y le aconsejó llamar a su padre directamente. Considérelo como un caso excepcional. Yaguchi conocía la situación personal de Eiko y decidió que eso era lo más adecuado. En general aconsejo realizar bien este paso y actuar después de aparecer el «sentimiento de agradecimiento».

6. Escriba aquello de lo que querría disculparse

Escriba aquello de lo que querría disculparse a esa persona, cuanto más mejor.

7. Escriba aquello que haya aprendido

Escriba lo que ha aprendido gracias a la relación con aquella persona.

Si piensa en «cómo hubiera sido mejor tratarme con aquella persona» quizá pueda darse cuenta o aprenda algo nuevo.

¿Cómo cree que podría haberse tratado con aquella persona para conseguir que los dos fueran más felices?

8. Declare «le perdono»

Diga: «**perdono a...**».

Estos eran los «Ocho pasos para conseguir perdonar».

No importa si después de haber realizado los ocho pasos todavía le persiste el sentimiento de «no le puedo perdonar».

En este caso repita el apartado 2 del paso 5.

Repita «gracias ... (el nombre de la persona)», mientras recuerda su cara.

Si es posible, repítalo cada día durante más de cinco minutos. Unos días después debería sentir un cambio.

Cómo hacer realidad una vida feliz

Si durante el proceso de realización de estos pasos ha sentido agradecimiento hacia aquella persona, ¿qué le parecería si le diera las gracias? Y si hubiera pensado «me querría disculpar», ¿qué le parecería pasar a la acción antes que el sentimiento se desvanezca?

Gracias a lo que hizo, Eiko se liberó de la prisión que representaba el «no poder perdonar», y consiguió la libertad. Al igual que Eiko tuvo suficiente valor para actuar y esto le cambió la vida, pienso que sus actos llenos de valor también pueden cambiarle a usted la suya.

Si entre las personas incluidas en la lista de «No puedo perdonar» que ha escrito en el paso 1, se halla el nombre de su padre o su madre, es sobre todo necesario que realice todos los pasos.

Gracias a esto, la vida de muchas personas cambiará de forma increíblemente favorable. La relación que se tiene con los padres se refleja en muchas relaciones humanas, y le será muy beneficioso si se reconcilia de corazón con ellos.

Un día me comentaron: «Al igual que hizo Eiko, un día tuve el suficiente valor para dar las gracias a mis padres, pero no las aceptaron y me replicaron: «¡Y ahora qué nos dices!».

En este caso, lo más probable es que muchos se enfaden con sus padres. Si esperáis que vuestros padres reaccionen como el padre de Eiko, probablemente acabaréis más enfadados de lo que estabais.

Cuando os disculpáis o dais las gracias, lo ideal es hacerlo sin esperar a que los otros cambien.

El objetivo es transmitirlo, aunque no sepáis si aquella persona lo aceptará o no. Si sois capaces de transmitirlo, ya es suficiente.

Si os rechazan, significa que aquella persona está muy dolida. Esto es su debilidad. Además, puede ser que, aunque os rechace abiertamente, vuestras palabras, en el fondo, le hagan sentir algo.

En todo caso querría que os valoraseis por el hecho de haber actuado. Y que os sintierais satisfechos por haber escogido perdonar. Por haber perdonado, dejáis de ser la víctima y volvéis a ser los responsables de vuestra propia vida. Deberíais sentiros orgullosos por esto.

No olvidéis las palabras (la «ley de lo inevitable») de Yaguchi:

«Todos los problemas que surgen en la vida ocurren para hacernos dar cuenta de algo importante. Usted no tendrá nunca ningún problema que no pueda solucionar. Usted tiene la fuerza necesaria para resolver cual-

quier problema, el cual ocurre para que a través de su solución usted se dé cuenta de algo importante.»

Deseo que este libro le ayude a hacer realidad una vida feliz. Y me haría inmensamente feliz si con este libro usted pudiera ampliar el círculo de personas felices que le rodean.

Si mientras ha leído este libro se ha dado cuenta de algo o ha sentido alguna emoción, no dude a compartirlo con los que le rodean. Imagínese su cara de felicidad al compartirlo. Podría ser que sus actos acarrearan buena suerte, libertad y reconciliación con alguien.

¡Con mis mejores deseos para que haga amistades maravillosas!

Espero que se amplíe el círculo de personas felices a su alrededor.

Y deseo que la tierra se llene de buenos sentimientos y de agradecimiento.

Parte de los ingresos derivados de la venta de este libro se destinan a la organización Save the Children. Es una organización no gubernamental (ONG), reconocida por las Naciones Unidas, que trabaja para los niños. Trabaja en programas de ayuda para conseguir que los «Derechos de los Niños» sean una realidad en más de 155 países.

De los 132 millones de niños que nacen anualmente en el mundo, once millones mueren antes de alcanzar los cinco años. Los niños mal nutridos y que viven en la pobreza, antes de pensar en si perdonan o no a sus padres, deben preocuparse de «cómo podré sobrevivir y cómo conseguiré una vida segura».

Seré muy afortunado si con este libro consigo ayudar a los niños del mundo.

Yoshinori Noguchi

Blog: «Coaching de cociente emocional para aumentar día a día la fuerza para alcanzar el éxito y la felicidad».

http://coaching.livedoor.biz/

Notas

Notas

Notas